Stori Reuben

© Testun: Cathryn Clement 2013
© Delweddau: Canolfan Peniarth, Prifysgol Cymru Y Drindod Dewi Sant, 2013

Dyluniwyd gan Diane Rees

Cyhoeddwyd yn 2013 gan Ganolfan Peniarth

Roedd Rhys yn treulio gwyliau'r Pasg ar Fferm yr Hafod gyda'i fam-gu a'i dad-cu. Un bore, aeth Rhys am dro ar gefn Ben, yr asyn.

"Sawl wy Pasg wyt ti wedi ei dderbyn hyd yn hyn?" gofynnodd Mam-gu wrth iddi arwain Ben ar hyd y clos. "Tri mawr a hanner dwsin o rai bach," atebodd Rhys, yn hapus â'i hunan. "Rwyt ti'n fachgen lwcus dros ben," meddai Mam-gu. Yn sydyn, holodd Rhys, "Pam mae pobl yn rhoi wyau siocled fel anrhegion adeg y Pasg?"

"Wel," meddai Mam-gu, "dere i fi dy atgoffa di o stori'r Pasg. Roedd asyn digon tebyg i Ben wedi cymryd rhan bwysig yn yr hanes. Enw'r asyn hwnnw oedd Reuben ac fe gaiff e adrodd yr hanes i ti. Dere i eistedd fan yma."

Roeddwn i, Reuben yr asyn, yn byw mewn cae y tu allan i bentref Bethania. Un diwrnod, daeth dau ddyn dieithr i'r cae. Edrychon nhw arnaf a dweud wrth fy mherchennog, "Mae'r Meistr ei angen."

Roeddwn yn ofnus iawn. Doeddwn i ddim wedi gadael y cae o'r blaen a nawr roedd dau ddyn dieithr yn ceisio fy nal a rhoi coler am fy ngwddf.

Gan nad oeddwn yn hoffi'r syniad fe redais o gwmpas y cae. A dweud y gwir fe fues i'n asyn bach eithaf drwg yn gwneud i'r ddau ddyn redeg ar fy ôl!

O'r diwedd fe ddalion nhw fi, rhoi'r coler am fy ngwddf a dechrau mynd â fi allan o'r cae. Ond i ble roeddwn i'n mynd? Doedd gen i ddim syniad.

Cefais fy arwain gan y ddau ddyn i gyfeiriad dinas Jerwsalem. Yno, y tu allan i waliau mawr y ddinas, fe gwrddais i â pherson caredig iawn – Iesu. Dyma fe'n sibrwd yn fy nghlust, "Paid â gofidio, Reuben, fe fydd popeth yn iawn."

Roeddwn i'n teimlo'n ddiogel ac yn gysurus iawn yng nghwmni'r dyn arbennig yma. Taflodd rhywun glogyn ar fy nghefn ac eisteddodd Iesu arnaf. Aethom i mewn i'r ddinas.

Am sŵn! Roedd cannoedd, miloedd o bobl yn llenwi'r strydoedd. Roedd rhai yn gweiddi, "Hosanna, Haleliwia!" Roedd eraill yn chwifio dail palmwydd uwch eu pennau ac yn taflu dail a dillad ar hyd y ffordd o'm blaen. Wrth i hyn ddigwydd, roedd Iesu yn sibrwd yn dawel yn fy nghlust.

Roedd pawb yn fy ngwylio ac roeddwn yn teimlo ei bod yn anrhydedd
i gael cario'r person arbennig yma. Es i â Iesu i gyfeiriad y Deml.
Yna, cefais fy arwain yn ôl i'r cae ger pentref Bethania. Ond, nid
dyna ddiwedd y stori. O! na, fe glywais i'r hanes i gyd.

Yn ôl y sôn, bu dydd Iau yn ddiwrnod prysur iawn. Fe drefnodd Iesu swper arbennig y Pasg ar gyfer y disgyblion. Wedi i bawb gyrraedd, fe wnaeth Iesu rywbeth anarferol – golchodd e draed y disgyblion. Fel arfer, un o'r gweision fyddai'n gwneud hyn.

Yn ystod y swper, cymerodd Iesu fara a gwin a'u rhannu rhwng y disgyblion. Fe ddywedodd, "Mae'r bara yn arwydd o fy nghorff ac mae'r gwin yn arwydd o fy ngwaed."

Roedd hi'n hwyr erbyn hyn ac roedd Iesu
am gael ychydig o dawelwch. Aeth e i
Ardd Gethsemane i weddïo.

Aeth disgybl o'r enw Judas â'r
milwyr i'r ardd.

Yna, aeth e'n syth at
Iesu a'i gusanu
ar ei foch.

Dyma'r arwydd i'r milwyr.

Rhuthrodd y milwyr ymlaen, dal Iesu, a'i gymryd i'r carchar. Bu'r arweinwyr Iddewig yn trafod drwy'r nos beth i wneud â Iesu.

Erbyn nos Wener pan roedd pobl yn pasio fy nghae, roeddwn i'n gwybod bod rhywbeth ofnadwy wedi digwydd i Iesu.

Roedd rhai o'r gwragedd yn llefain ac fe glywais nhw'n dweud bod Iesu wedi cael ei groeshoelio.

Aethon nhw â'r corff i'w gladdu mewn ogof yng ngardd Joseff o Arimathea. Rholion nhw garreg i gau ceg yr ogof.

Roedd dydd Sadwrn yn ddiwrnod hir a diflas dros ben. Sut y gallen nhw fod wedi lladd dyn mor arbennig? I feddwl bod pobl wedi penderfynu lladd y person roeddwn i wedi dod i'w garu. O! Roeddwn yn teimlo'n swp sâl.

Roedd y ffordd yr ochr draw i'r clawdd yn eitha' tawel y diwrnod hwnnw. Roedd hynny'n naturiol wrth gwrs, gan ei bod hi'n ddiwrnod y Saboth, dydd gorffwys yr Iddewon.

Cefais fy nihuno'n gynnar fore Sul gan sŵn pobl yn rhedeg gan chwerthin a gweiddi'n hapus, "Mae e'n fyw! Mae Iesu'n fyw!"

Pan glywais hyn fe godais a charlamu'n gyffrous o gwmpas y cae.

Roeddwn mor falch o glywed y newyddion da nes roeddwn innau hefyd yn nadu'n uchel er mwyn i bawb glywed y newyddion rhyfeddol. Ie, roedd Iesu'n fyw!

"A wyddost ti beth, Rhys?" meddai Mam-gu, "mae Iesu yn dal yn fyw heddiw ac ef, Iesu, yw ein ffrind gorau ni."

"Wel, onid yw'n rhyfedd fod asyn tebyg i Ben wedi bod yn rhan o'r hanes?" meddai Rhys.

Helpodd Mam-gu Rhys yn ôl i'r cyfrwy ac arwain Ben yr asyn yn ôl i gyfeiriad y cae bach ger y clos.

Pan oeddent yn tynnu'r cyfrwy oddi ar gefn Ben, dyma Rhys yn troi at Mam-gu a gofyn, "Ond, pam mae pobl yn rhoi wyau siocled adeg y Pasg?"

"Wel," meddai Mam-gu, "amser maith yn ôl, fe fyddai pobl yn paentio wyau go iawn i'w gilydd a hynny fel arwydd o obaith a bywyd newydd. Erbyn hyn, byddwn ni'n rhoi wyau siocled.

"Mae rhai yn credu bod wy Pasg yn cynrychioli'r garreg fawr gafodd ei rhoi i gau ceg yr ogof lle roedd corff Iesu wedi ei gladdu. Mae eraill yn credu bod yr ogof yr un siâp ag wy. Ac wrth gwrs fe gafodd y garreg ei rholio i ffwrdd, roedd yr ogof yn wag. Roedd Iesu yn fyw.

"Dyna pam mae pobl yn rhoi wyau adeg y Pasg. Trwy hyn, rydym yn dangos bod Iesu yn dal yn fyw ac yn ein calonnau bob amser."

"Fe fydda' i'n cofio hynny nawr bob tro y bydda' i'n bwyta wy siocled," meddai Rhys yn hapus. Ac i ffwrdd ag ef i chwilio am Tad-cu oedd wrthi'n bwydo'r defaid.

Canolfan
Peniarth

Canolfan gyhoeddi Prifysgol Cymru: Y Drindod Dewi Sant
Publishing house of University of Wales: Trinity Saint David

Pecyn addysg Tric a Chlic.
Cynllun ffoneg synthetig, systematig a dilyniadol i'r Cyfnod Sylfaen.

Tric a Chlic education pack.
Welsh language program for synthetic phonics, systematic and progressive to the Foundation Phase.

Rho gynnig arni!
Cardiau Her y Cyfnod Sylfaen - Darpariaeth Barhaus

Have a go!
Foundation Phase Challenge Cards - Continuous Provision

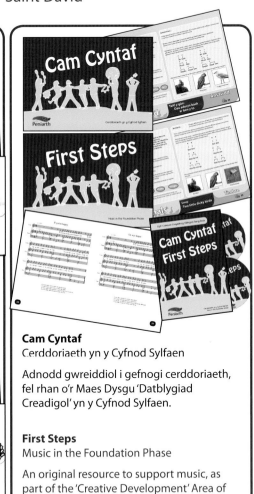

Cam Cyntaf
Cerddoriaeth yn y Cyfnod Sylfaen

Adnodd gwreiddiol i gefnogi cerddoriaeth, fel rhan o'r Maes Dysgu 'Datblygiad Creadigol' yn y Cyfnod Sylfaen.

First Steps
Music in the Foundation Phase

An original resource to support music, as part of the 'Creative Development' Area of Learning in the Foundation Phase.

www.canolfanpeniarth.org